BEI GRIN MACHT SICH IHR WISSEN BEZAHLT

AF153387

- Wir veröffentlichen Ihre Hausarbeit, Bachelor- und Masterarbeit

- Ihr eigenes eBook und Buch - weltweit in allen wichtigen Shops

- Verdienen Sie an jedem Verkauf

Jetzt bei www.GRIN.com hochladen und kostenlos publizieren

Sicherheitsverfahren von E-Mails. PGP, OpenPGP, S/MIME und MIME

Johannes Bartholomäus Max Hoppe

Bibliografische Information der Deutschen Nationalbibliothek:

Die Deutsche Nationalbibliothek verzeichnet diese Publikation in der Deutschen Nationalbibliografie; detaillierte bibliografische Daten sind im Internet über http://dnb.d-nb.de abrufbar.

ISBN: 9783346669087
Dieses Buch ist auch als E-Book erhältlich.

© GRIN Publishing GmbH
Nymphenburger Straße 86
80636 München

Druck und Bindung: Books on Demand GmbH, Norderstedt Germany
Gedruckt auf säurefreiem Papier aus verantwortungsvollen Quellen

Das Buch bei GRIN: https://www.grin.com/document/1242487

Sicherheit von E-Mail – Technologien und Anwendungen

Modul: Seminar E-Business (Bachelor WI)

Name: Johannes Bartholomäus Max Hoppe

Abgabe: 03.02.2021

Inhaltsverzeichnis

I

Abbildungsverzeichnis

Abkürzungsverzeichnis

1. Einleitung

1.1 Problemstellung

86% der Deutschen nutzen einen E-Mail-Dienst, wie Gmail, Gmx und Web.de.[1] Die Anzahl der jährlich versendeten E-Mails in Deutschland ist über die Jahre exponentiell auf 848 Milliarden im Jahr 2018 gestiegen.[2] Die E-Mail setzt sich somit weiterhin als Hauptkommunikationsmedium gegenüber der Briefpost durch. Verantwortlich dafür sind sowohl wirtschaftliche als auch organisatorische Gründe.[3] Somit ist die E-Mail-Technologie schon lange nicht mehr nur für Privatperson von Interesse, sondern auch für berufliche und geschäftliche Zwecke bedeutsam geworden.[4] So geht es um die sichere Übermittlung von empfindlichen Informationen, wie Rechnungs- und Kontodaten. Damit stellt sich die Frage, wie der sichere Datentransport einer E-Mail aussieht und welche Schutzmechanismen es gibt. In der Literatur werden Sicherungstechnologien meist nur theoretisch beleuchtet, wodurch die eigentlichen Anwendungen nicht ausreichend analysiert und verglichen werden.

1.2 Zielstellung

Das Ziel der Seminararbeit ist Sicherheitsverfahren von E-Mails vorzustellen und deren Konzepte sowie Methoden kurz zu erläutern und zu vergleichen.

1.3 Methodik und Vorgehensweise

Die Ergebnisse sind anhand digitaler Literaturrecherchen entstanden. Zur Findung von Literaturquellen wurde die Datenbank der Universitäts- und Landesbibliothek Sachsen-Anhalt und der Suchdienst Google Scholar in Anspruch genommen, welche den Zugang zu wissenschaftlichen Beiträgen und Fachbüchern in digitaler Form ermöglichen. Mittels der Stichwortsuche wurde nach ersten literarischen Werken recherchiert. Die Arbeiten wurden nach Relevanz gefiltert und anschließend ausgewertet. Daraufhin wurden die bedeutsamsten Werke erneut einer Rückwartssuche unterzogen. Die verwendeten Literatur- und Internetquellen sind in den Sprachen Deutsch und Englisch verfasst.

---

[1] Die Erhebung erfolgte durch das statistische Amt der Europäischen Union (Eurostat), welche seit 2010 die Internet-Nutzung von E-Mails der Befragten nach Ländern kategorisiert.
[2] Vgl. Wilhelm (2019).
[3] Vgl. Jung und Warnecke (1998), S. 3ff.
[4] Vgl. Deutschland sicher im Netz (2013), S. 6ff.

Der Aufbau der Seminararbeit wird im Folgenden erklärt. Zunächst wird im zweiten Kapital das Datenformat aus dem Request for Comments Dokument 822 sowie das Privacy-Enhanced-Mail-Protokoll vorgestellt. Sie stellen die Grundlage für die heutigen E-Mail-Technologien dar. Im darauffolgenden Kapitel wird das OpenPGP-Protokoll analysiert und deren Methoden zur Verschlüsselung präsentiert. Das vierte Kapital befasst sich mit Secure/MIME. Zuvor wird ein Blick auf die Neuerungen des MIME-Protokolls geworfen und daraufhin Konzepte des S/MIME-Standards benannt und erläutert. Der Fokus liegt auf den Technologien S/MIME und OpenPGP, da diese weltweit am anerkanntesten sind. Anschließend werden im gleichen Kapital die Verfahren OpenPGP und S/MIME miteinander verglichen, wodurch Unterschiede der beiden Protokolle hervorgehen sollen.

2. E-Mail-Standards

Der Austausch von E-Mails basiert auf verschiedenen Standards und interagiert mit zahlreichen Protokollen. Der Austausch von E-Mails durchläuft das ganze OSI-Schichtenmodell. In dieser Seminararbeit werden Technologien und Verfahren vorgestellt, welche sich hauptsächlich auf der Anwendungsschicht des TCP/IP-Schichtenmodells bewegen. Die Anwendungsschicht fasst hierbei die Anwendungs-, Darstellungs- und Teile der Sitzungsebene des OSI-Referenzmodells zusammen. Sowohl die E-Mail-Server als auch die Nutzer kommunizieren direkt mit den E-Mail-Technologien.[5]

Die Betrachtung des Entwicklungsverlaufes für E-Mail geltende Standards ist wichtig, da diese die Grundlage für die heutigen Verschlüsselungstechnologien bilden.

2.1 RFC 822 Nachrichtenformat

Das RFC 822 Dokument mit dem Titel Standard for ARPA Text Messages wurde im August 1982 veröffentlicht und beschreibt die für internetbasierten Textnachrichten geltende Syntax.[6] Eine E-Mail nach RFC 822 wird in eine Kopfzeile (engl. header) und einen Rumpf (engl. body) unterteilt.[7] Die Kopfzeile enthält Informationen über den Absender, den Empfänger und die Kodierungsart.[8] Die Kopfzeile wird in mehrere Felder unterteilt. Jedes Feld stellt eine Information zur Nachrichtenübermittlung dar.[9] Die Anzahl der Felder variiert mit den für den Austausch benötigten Informationen.[10]

Hingegen wird der Rumpf der E-Mail als ein Ganzes betrachtet. Dieser beinhaltet einen ASCII-Text. Der Text stellt die eigentliche Nachricht dar, in diesem sind die Informationen des Senders für den Empfänger zu finden.[11] Die Informationen des Rumpfes gilt es hierbei durch geeignete Verfahren und Technologien zu schützen. In der Abbildung I ist der Aufbau einer E-Mail nach RFC 822 dargestellt. Hierbei bilden die ersten drei Zeilen den Kopf der E-Mail. Die erste Zeile mit dem Schlagwort From verweist auf die E-Mailadresse des Empfängers, wohingegen die Kopfzeile Subject das Thema der E-Mail beschreibt.

---

[5] Vgl. Schmeh (2016), S. 731ff.
[6] Vgl. Crocker (1982).
[7] Vgl. Crocker (1982); vgl. Schwenk (2020), S. 374ff.
[8] Vgl. Crocker (1982); vgl. Schmeh (2020), S. 732.
[9] Vgl. Crocker (1982).
[10] Vgl. Schmeh (2020), S. 732.
[11] Vgl. Crocker (1982).

Diese Abbildung wurde aus urheberrechtlichen Gründen von der Redaktion entfernt.

Abbildung I: Beispiel-E-Mail-Aufbau nach RFC 822 (Quelle: Microsoft.com (2013))

Die E-Mail-Adressen nach RFC 822 setzen sich aus einem lokalen- und einem Domain-Teil zusammen und werden mittels des @-Zeichens miteinander verbunden.[12] Der Aufbau der E-Mail-Adressen ist für die Verschlüsselung von E-Mails nicht weiter von Belangen. Zu beachten ist aber, dass eine gültige E-Mail-Adresse eine Übermittlung erst möglich macht. Außerdem können Sender und Empfänger der E-Mail durch ihre Adressen identifiziert werden.

2.2 Probleme des RFC 822 Formats

Bei der Nachrichtenübermittlung nach RFC 822 wird der Rumpf der E-Mail in ASCII-Code kodiert.[13] Der American Standard Code for Information Interchange (ASCII /US-ASCII) ist eine 7-Bit Zeichenkodierung aus dem Jahr 1969.[14] Ein Zeichen besteht aus einer siebenstelligen Folge von Bits.[15] Der ASCII-Code erlaubt somit 128 Zeichenzuordnungen, welche in druckbare und nichtdruckbare Zeichensätze zu unterscheiden sind.[16]

Zum damaligen Zeitpunkt mussten die Nachrichten zuvor in ASCII-Code umgewandelt werden, sollte dabei ein Zeichen im ASCII-Format fehlen, so konnte es beim Empfänger nicht dargestellt werden.[17] Es fehlte ein einheitlicher Standard zur Absprache unterschiedlicher, regionaler Sonderzeichen.[18] Englischsprachige Texte konnten fehlerfrei übermittelt werden, wobei hingegen deutschsprachige Texte fehlerbehaftet waren, aufgrund der fehlenden Darstellungsmöglichkeit von Umlauten.[19] Die Zuordnung aus Bitfolge und Zeichen sind in der Abbildung II dargestellt.

---

[12] Vgl. Schwenk (2020), S. 375.
[13] Vgl. Crocker (1982).
[14] Vgl. Cerf (1969); vgl. Raison (2015).
[15] Vgl. Cerf (1969); vgl. Dyllong, Gutekunst und Hering (2000), S. 39.
[16] Vgl. Cerf (1969).
[17] Vgl. Schwenk (2020), S. 376ff.
[18] Vgl. Schwenk (2020), S. 377.
[19] Vgl. Schwenk (2020), S. 377.

2. Standard Code

```
| ----------------------------------------------------------------------------------|
|  B  \ b7 ------------->| 0     | 0     | 0     | 0     | 1     | 1     | 1     | 1    |
|  I   \  b6 ----------->| 0     | 0     | 1     | 1     | 0     | 0     | 1     | 1    |
|  T    \    b5 -------->| 0     | 1     | 0     | 1     | 0     | 1     | 0     | 1    |
|  S                     |------------------------------------------------------------|
|              COLUMN->   | 0     | 1     | 2     | 3     | 4     | 5     | 6     | 7    |
| b4 |b3 |b2 |b1 | ROW    |       |       |       |       |       |       |       |      |
+---------------------------------------------------------------------------------------+
| 0  | 0 | 0 | 0 | 0      | NUL   | DLE   | SP    | 0     | @     | P     |  `    | p    |
| ---|---|---|---|------  |-----  |-----  |-----  |-----  |-----  |-----  |-----  |----- |
| 0  | 0 | 0 | 1 | 1      | SOH   | DC1   | !     | 1     | A     | Q     |  a    | q    |
| ---|---|---|---|------  |-----  |-----  |-----  |-----  |-----  |-----  |-----  |----- |
| 0  | 0 | 1 | 0 | 2      | STX   | DC2   | "     | 2     | B     | R     |  b    | r    |
| ---|---|---|---|------  |-----  |-----  |-----  |-----  |-----  |-----  |-----  |----- |
| 0  | 0 | 1 | 1 | 3      | ETX   | DC3   | #     | 3     | C     | S     |  c    | s    |
| ---|---|---|---|------  |-----  |-----  |-----  |-----  |-----  |-----  |-----  |----- |
| 0  | 1 | 0 | 0 | 4      | EOT   | DC4   | $     | 4     | D     | T     |  d    | t    |
| ---|---|---|---|------  |-----  |-----  |-----  |-----  |-----  |-----  |-----  |----- |
| 0  | 1 | 0 | 1 | 5      | ENQ   | NAK   | %     | 5     | E     | U     |  e    | u    |
| ---|---|---|---|------  |-----  |-----  |-----  |-----  |-----  |-----  |-----  |----- |
| 0  | 1 | 1 | 0 | 6      | ACK   | SYN   | &     | 6     | F     | V     |  f    | v    |
| ---|---|---|---|------  |-----  |-----  |-----  |-----  |-----  |-----  |-----  |----- |
| 0  | 1 | 1 | 1 | 7      | BEL   | ETB   | '     | 7     | G     | W     |  g    | w    |
| ---|---|---|---|------  |-----  |-----  |-----  |-----  |-----  |-----  |-----  |----- |
| 1  | 0 | 0 | 0 | 8      | BS    | CAN   | (     | 8     | H     | X     |  h    | x    |
| ---|---|---|---|------  |-----  |-----  |-----  |-----  |-----  |-----  |-----  |----- |
| 1  | 0 | 0 | 1 | 9      | HT    | EM    | )     | 9     | I     | Y     |  i    | y    |
| ---|---|---|---|------  |-----  |-----  |-----  |-----  |-----  |-----  |-----  |----- |
| 1  | 0 | 1 | 0 | 10     | LF    | SUB   | *     | :     | J     | Z     |  j    | z    |
| ---|---|---|---|------  |-----  |-----  |-----  |-----  |-----  |-----  |-----  |----- |
| 1  | 0 | 1 | 1 | 11     | VT    | ESC   | +     | ;     | K     | [     |  k    | {    |
| ---|---|---|---|------  |-----  |-----  |-----  |-----  |-----  |-----  |-----  |----- |
| 1  | 1 | 0 | 0 | 12     | FF    | FS    | ,     | <     | L     | \     |  l    | |    |
| ---|---|---|---|------  |-----  |-----  |-----  |-----  |-----  |-----  |-----  |----- |
| 1  | 1 | 0 | 1 | 13     | CR    | GS    | -     | =     | M     | ]     |  m    | }    |
| ---|---|---|---|------  |-----  |-----  |-----  |-----  |-----  |-----  |-----  |----- |
| 1  | 1 | 1 | 0 | 14     | SO    | RS    | .     | >     | N     | ^     |  n    | ~    |
| ---|---|---|---|------  |-----  |-----  |-----  |-----  |-----  |-----  |-----  |----- |
| 1  | 1 | 1 | 1 | 15     | SI    | US    | /     | ?     | O     | _     |  o    | DEL  |
+---------------------------------------------------------------------------------------+
```

Abbildung II: ASCII-Tabelle nach RFC 20 (Quelle: Cerf (1969))

Spätere 8-Bit-Zeichenkodierungen ermöglichten es weitere Sonderzeichen und Umlaute hinzuzufügen. Diese Kodierungsverfahren konnten jedoch kyrillische oder chinesische Schriftzeichen nicht darstellen.[20]

---

[20] Vgl. Schwenk (2020), S. 377.

Ein weiteres Problem stellten E-Mail-Anhänge dar. Bei E-Mail-Anhängen handelt es sich meistens um Dokumente, wie Text- oder Präsentationsdateien, aber auch Fotos und andere Bildformate. Diese Nicht-ASCII-Dateien konnten aufgrund fehlender Verfahren nicht versendet werden, da der Empfänger nicht wissen konnte, um was für Dateien es sich handelt.[21]

2.3 Privacy Enhanced Mail

Im Jahre 1993 versucht das vierteilige Dokument mit dem Namen Privacy Enhanced Mail (PEM) erstmals digitale Signaturen und hybride Verschlüsselungen für E-Mails zu standardisieren.[22] PEM beruht sich dabei auf dem im RFC 822 definierten Datenformat.[23] Der PEM-Standard verwendete zur Übertragung von Binärdaten die Base64-Kodierung.[24] Die base64-Kodierung ermöglicht es, durch seinen Zeichenvorrat, welcher in allen länder- und betriebssystemspezifischen Zeichensätzen vorkommt, Kodierungsfehler zu vermeiden.[25] Sonderzeichen sowie Umlaute gibt es in diesem Zeichensatz nicht. In der Abbildung III sind die Zuordnungen des Base64Zeichensatzes wiederzufinden.

Table 1: The Base 64 Alphabet

Value	Encoding	Value	Encoding	Value	Encoding	Value	Encoding
0	A	17	R	34	i	51	z
1	B	18	S	35	j	52	0
2	C	19	T	36	k	53	1
3	D	20	U	37	l	54	2
4	E	21	V	38	m	55	3
5	F	22	W	39	n	56	4
6	G	23	X	40	o	57	5
7	H	24	Y	41	p	58	6
8	I	25	Z	42	q	59	7
9	J	26	a	43	r	60	8
10	K	27	b	44	s	61	9
11	L	28	c	45	t	62	+
12	M	29	d	46	u	63	/
13	N	30	e	47	v		
14	O	31	f	48	w	(pad)	=
15	P	32	g	49	x		
16	Q	33	h	50	y		

Abbildung III: Base64-Tabelle nach RFC 4648 (Quelle: Josefsson (2006))

---

[21] Vgl. Schwenk (2020), S. 377.
[22] PEM wird in den RFCs 1421 bis 1424 von den Autoren Linn, Kent, Balenson und Kaliski beschrieben.
[23] Vgl. Linn (1993); vgl. Schwenk (2020), S. 378.
[24] Vgl. Linn (1993); vgl. Schwenk (2020), S. 378.
[25] Vgl. Borenstein und Freed (1969); vgl. Brünner (2003).

Zu beachten ist, dass PEM nicht das erste Verfahren zur Verschlüsselung von E-Mails darstellt. Es beinhaltet jedoch wichtige Elemente, wie die digitalen Signaturen, die Hybridverschlüsselung und der hierarchische Umgang mit Zertifikaten, auf welche man teilweise in den Verschlüsselungsprotokollen OpenPGP und S/MIME stößt.[26] Jedoch setzte sich Privacy Enhanced Mail nicht als Standard durch, da es unteranderem mit dem späteren MIME-Protokoll nicht kompatibel war.[27] Jedoch legt das PEM-Protokoll den Grundstein für heutige Verschlüsselungstechnologien, indem es erste Sicherheitsaspekte, wie die Vertraulichkeit, die Authentizität und die Nichtabstreitbarkeit der Nachrichtenherkunft, durch die verwendeten Technologien gewährleisten konnte.

3. Open Pretty Good Privacy

Das PGP-Format stellt eins der ersten Verschlüsselungsprogramme dar, welches auch für die Verschlüsselung von E-Mails angewendet werden kann. Der darauf basierende Open-PGP-Standard wird heutzutage von vielen E-Mail-Providern als Verschlüsselungsverfahren eingesetzt, aufgrund dessen ist eine nähere Betrachtung dieses Verfahrens sinnvoll.

3.1 PGP – Geschichte

Philip R. Zimmermann veröffentlichte im Jahre 1991 das Datenverschlüsselungsprogramm Pretty Good Privacy 1.0.[28] Grund für die Veröffentlichung der ersten Version war ein Gesetz der amerikanischen Regierung, welches das Abhören von digitalen Kommunikationskanälen erlauben sollte. Mit PGP 1.0 wollte Zimmermann dem Gesetz zuvorkommen, um den digitalen Austausch vor unbefugten Zuhörern zu schützen.[29] Zimmermann verstoß mit seiner Veröffentlichung gegen das US-amerikanische Waffenexportverbot, da Verschlüsselungsprogramme zum damaligen Stand als Waffe galten.[30] PGP beinhaltet Elemente, die die Signierung und Verschlüsselung von Daten ermöglichte und verwendete kryptografische und mathematische Verfahren, wie das RSA-Verfahren.[31] Das PGP-Format erschien in den Jahren danach in neueren Versionen, welche erstmals auch kommerziell verkauft wurden.[32]

---

[26] Vgl. Schwenk (2020), S. 377ff.
[27] Vgl. Schwenk (2020), S. 378.
[28] Vgl. Atkins, Stallings und Zimmermann (1996); vgl. Schwenk (2020), S. 349ff.
[29] Vgl. Schwenk (2020), S. 349f.
[30] Vgl. Schwenk (2020), S. 351f.
[31] Vgl. Atkins, Stallings und Zimmermann (1996).
[32] Vgl. Schwenk (2020), S. 350.

3.2 OpenPGP – Internetstandard

Open Pretty Good Privacy (OpenPGP) ist ein im RFC 4880 dokumentiertes Verschlüsselungsformat.[33] OpenPGP basiert auf dem Datenverschlüsselungsprogramm PGP. Der heutige OpenPGP-Standard wird für die Signierung und Verschlüsselung von E-Mails genutzt aber auch in dem Bereich der Dateiverschlüsselung in Betriebssystemen wie Windows, MacOS und Linux verwendet.[34]

Elementar im PGP-Format ist die Aufteilung der Dateien und Nachrichten in sogenannten Paketen.[35] Jedes Paket beinhaltet Informationen zur Verschlüsselung. Die unterschiedlichen Pakete sind in Abbildung IV ersichtlich.[36]

```
0           -- Reserved - a packet tag MUST NOT have this value
1           -- Public-Key Encrypted Session Key Packet
2           -- Signature Packet
3           -- Symmetric-Key Encrypted Session Key Packet
4           -- One-Pass Signature Packet
5           -- Secret-Key Packet
6           -- Public-Key Packet
7           -- Secret-Subkey Packet
8           -- Compressed Data Packet
9           -- Symmetrically Encrypted Data Packet
10          -- Marker Packet
11          -- Literal Data Packet
12          -- Trust Packet
13          -- User ID Packet
14          -- Public-Subkey Packet
17          -- User Attribute Packet
18          -- Sym. Encrypted and Integrity Protected Data Packet
19          -- Modification Detection Code Packet
60 to 63 -- Private or Experimental Values
```

Abbildung IV: Packetbezeichnungen des OpenPGP-Formates nach RFC 4880 (Quelle: Callas, Donnerhacke, Finney, Shaw und Thayer (2007))

Zur Verschlüsselung verwendet OpenPGP eine Kombination aus symmetrischer und asymmetrischer Verschlüsselungsverfahren. Das sogenannte Hybridverfahren, welches bereits in PEM-Konzept verwendet wurde, hat den Vorteil, dass es eine effiziente und

---

[33] Vgl. Callas, Donnerhacke, Finney, Shaw und Thayer (2007).
[34] Vgl. Schwenk (2020), S. 359ff.
[35] Vgl. Callas, Donnerhacke, Finney, Shaw und Thayer (2007).
[36] Vgl. Callas, Donnerhacke, Finney, Shaw und Thayer (2007); vgl. Schwenk (2020), S. 357f.

trotzdem sichere Verschlüsselung der privaten und öffentlichen Schlüssel bietet.[37] Das Verfahren ist in den Paketen Public-Key Encrypted Session Key Packet und Symmetrically Encrypted and MDC Packet zu finden.[38] Neben dem Hybridverfahren verwendet OpenPGP für die Public-Key-Verschlüsselung Verfahren wie ElGamal.[39] Das ElGamal-Verfahren ist eine Weiterentwicklung des bekannten Diffie-Hellman-Schlüsselkonzepts.[40] Es arbeitet mit öffentlichen und privaten Parametern. Die Übermittelung des öffentlichen Schlüssels spielt in OpenPGP eine wichtige Rolle.[41] Im Gegensatz zu anderen Verschlüsselungsverfahren verwendet OpenPGP ein dezentrales Vertrauensmodell.[42] Die jeweiligen Benutzer bestätigen dabei gegenseitig die Vertrauenswürdigkeit ihres Schlüssels. Durch die gegenseitige Verifikation entsteht eine Vertrauensbeziehung. Zudem gelten die zuvor bereits verifizierten öffentlichen Schlüssels des einen Nutzers somit auch für den anderen Nutzer als verifiziert und vertrauenswürdig.[43] Dieses Netz aus Vertrauensverknüpfungen wird als Web of Trust bezeichnet.[44]

Ein weitere Verschlüsselungsmethodik in OpenPGP ist das RSA-Verfahren, welches zusätzlich zur Signierung von Dateien und Nachrichten beiträgt.[45] Die digitale Signierung soll die Identität des Senders verifizieren und die Integrität des Unterzeichners sicherstellen.[46] Die Digital-Signature-Algorithmen (DSA) unterstützen hierfür das RSA-Verfahren.[47] DS-Algorithmen sind asymmetrische Verschlüsselungsmethoden, welche Secure-Hash-Algorithmen verwenden.[48] Die Algorithmen zur Signierung der Nachricht sind im Signature Packet zu finden.[49]

Weiterhin verfügt OpenPGP durch den Einsatz der Compressed Data Packets über eine verlustfreie Datenkompression. Durch die Kompression ist es möglich die Übertragungszeit von E-Mails erheblich zu reduzieren.[50]

---

[37] Vgl. Gnupg.org (2020).
[38] Vgl. Callas, Donnerhacke, Finney, Shaw und Thayer (2007); vgl. Schwenk (2020), S.359f.
[39] Vgl. Callas, Donnerhacke, Finney, Shaw und Thayer (2007).
[40] Vgl Schwenk (2020), S. 32.
[41] Vgl. Luber und Schmitz (2018).
[42] Vgl. ISi-Projektgruppe (2009), S.12f; vgl. Schwenk (2020), S. 356.
[43] Vgl. ISi-Projektgruppe (2009), S.12f.
[44] Vgl. ISi-Projektgruppe (2009), S.12; vgl. Schwenk (2020), S. 356.
[45] Vgl. Callas, Donnerhacke, Finney, Shaw und Thayer (2007); vgl. Schwenk (2020), S. 49.
[46] Vgl. Schwenk (2020), S. 48.
[47] Vgl. Callas, Donnerhacke, Finney, Shaw und Thayer (2007).
[48] Vgl. Itwissen.info (2016).
[49] Vgl. Callas, Donnerhacke, Finney, Shaw und Thayer (2007).
[50] Vgl. Schwenk (2020), S. 357ff.

Im Literal Data Packet sind die zu schützenden Daten und Informationen hinterlegt. Zur Kodierung der Binärdaten einer E-Mail verwendet OpenPGP die eigene Radix-64 Konvertierung.[51] Radix-64 unterscheidet sich leicht vom Base64-Verfahren. Es stellt eine zusätzlich Prüfsumme bereit.[52] Die Prüfsumme verwendet das Cyclic Redundancy Check-Verfahren, welches bei einer fehlerhaften Übertragung eine Änderung des Prüfwertes vornimmt.[53] Durch die Prüfsumme soll kontrolliert werden, dass Sender und Empfänger die Nachricht auf die gleiche Weise dargestellt bekommen. Ein solcher Prüfnachweis wurde auch bei der ASCII-Kodierung, durch die Erweiterung eines achten Prüfbits, hinzugefügt.[54]

Die Datenpakete werden in OpenPGP miteinander verschachtelt. Eine solche Verschachtelung ist in der folgenden Abbildung V zu finden, in welcher alle bisher benannten Pakte vorkommen.

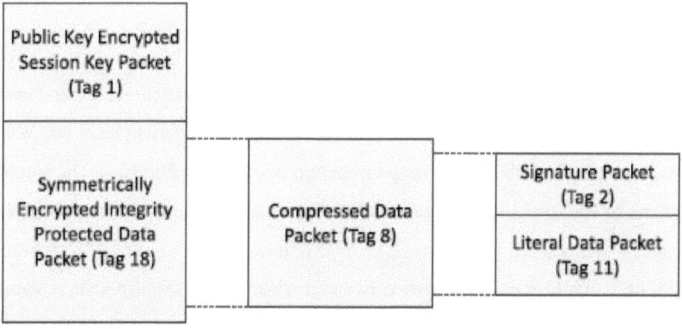

Abbildung V: Verschachtelung von OpenPGP-Paketen zur Verschlüsselung einer digitalen Nachricht (Quelle: Schwenk (2020), S. 358)

Das OpenPGP Format beschreibt eine Ende-zu-Ende Verschlüsselung.[55] Durch dieses Prinzip können nur Sender und Empfänger die E-Mail lesen. Selbst dem E-Mail-Anbieter ist es nicht möglich die E-Mail zu entschlüsseln, da die sichtbaren Kopfzeilen zur Entschlüsselung des Rumpfes der E-Mail nicht ausreichen.[56]

---

[51] Vgl. Callas, Donnerhacke, Finney, Shaw und Thayer (2007).
[52] Vgl. Callas, Donnerhacke, Finney, Shaw und Thayer (2007).
[53] Vgl. Lang (2018).
[54] Vgl. Weber-Wulff (1991).
[55] Vgl. Schwenk (2020), S. 392.
[56] Vgl. Schwenk (2020), S. 392.

4. Secure / Multipurpose Internet-Mail Extension

Unter dem Begriff MIME werden Probleme aus vorherigen E-Mail-Verschlüsselungsverfahren behoben und neue Verfahren eingesetzt. MIME legt den Grundstein für das heutige verbreitete S/MIME-Verfahren.

4.1 MIME – Erweiterungen des E-Mail-Formates nach RFC 822

Die Multipurpose Internet-Mail Extensions bauen auf dem im RFC 822 definierten Datenformat von internetbasierten Nachrichten auf.[57] Die Erweiterungen sind ausführlich in den RFCs 2045 bis 2049 beschrieben.[58] MIME erweitert den Kopf der E-Mail um fünf neue Kopfzeilen.[59] Darunter die Kopfzeile Content-Type, die den Inhalt der Nachricht beschreibt, welche im Rumpf zu finden ist.[60] Der Grund dafür ist, dass der Empfänger somit im Vornherein weiß, welches Anwendungsprogramm gestartet werden muss, um die E-Mail und deren Anhänge richtig darzustellen zu können.[61] Ist dies nicht bekannt, führt ein nicht passendes Programm zu einer fehlerbehafteten Nachricht und würde somit zu einem Datenverlust führen.

Eine weitere Neuerung im Kopfzeilenbereich ist das Feld Content-Transfer-Encoding. Dieses Feld gibt die verwendeten Kodierungsverfahren der Nachricht an.[62] Die Wahl der Kodierungen hängt hierbei von den Eigenschaften des Rumpfinhaltes ab. Die Verschlüsselung kann in Binärzahlen, 7-Bit oder 8-Bit-Kodierung geschehen.[63] Relevanter ist, die bereits im PEM-Standard integrierte, Base64-Kodierung, welche in MIME meistens für die Kodierung von E-Mail-Anhängen verwendet wird.[64] Die E-Mail-Anhänge werden in MIME nicht separat, sondern als Textbestandteil der E-Mail behandelt.[65] Die wichtigste Neuerung ist das Kodierungsverfahren Quoted-Printable. Die Nachrichtenübertragung mittels der Quoted-Printable-Kodierung ermöglicht es bei langen ASCII-Texten Übersichtlichkeit zu gewährleisten, indem Umlaute erstmals durch eine geregelte ASCII-

---

[57] Vgl. Schwenk (2020), S. 373.
[58] Die RFCs von Borenstein, Freed, Moore, Klensin und Postel von 1969 bilden die Grundlage für einige heutige Internet Standards, zum Beispiel für den im RFC 8098 beschriebenen Standard.
[59] Vgl. Schwenk (2020), S. 379.
[60] Vgl. Borenstein und Freed (1969).
[61] Vgl. Borenstein und Freed (1969); vgl. Schwenk (2020) S. 379.
[62] Vgl. Borenstein und Freed (1969); vgl. Schwenk (2020) S. 380.
[63] Vgl. Borenstein und Freed (1969).
[64] Vgl. Brünner (2003).
[65] Vgl. Dorner, Moore und Troost (1997); vgl. Brünner (2003).

Zeichenfolge dargestellt werden können.[66] Somit können auch deutschsprachige Texte fehlerfrei kodiert werden, ohne dabei auf Umlaute zu verzichten. Sonstige Erweiterungen im Kopfzeilenbereichen dienen zur detaillierteren Beschreibung der verwendeten Protokolle.[67]

Neben dem neuen Kopfbereich führte der MIME-Standard das Kanonisierungskonzept ein.[68] Hierbei wird die Nachricht in einzelne Objekte aufgeteilt und mit objektspezifischen Datentypen versehen.[69] Ein Datentyp gibt an, in welchem Format sich die Daten befinden und wie sie vom Anwender zu behandeln sind.[70] Standardisierte Top-Level-Datentypen sind text, image, audio, video und application.[71] Zusätzlich fügte MIME den Datentyp multipart hinzu, welcher die Beschreibung eines Objektes mit mehreren Datentypen erlaubte.[72] In der Abbildung VI sind alle MIME-Datentypen beschrieben.

Typ	Subtyp	Beschreibung
text	plain	Umformatierter Text, z.B. ASCII
	html	HTML-Datei
multipart	mixed	Unabhängige Teile, die zusammen übertragen und in der übertragenen Ordnung dargestellt werden sollen
	related	Mehrere Mimeobjekte, die zueinander in Bezug stehen
	alternative	Alternative Versionen derselben Information
	digest	Wie Mixed, aber als Default-Typ/Subtyp wird message/rfc822 angenommen
message	rfc822	Der Body der Nachricht ist selbst eine E-Mail
	partial	Zeigt eine fragmentierte E-Mail an
	external-body	Pointer auf ein Objekt, das woanders liegt
image	jpeg	JPEG-Format, JFIF-Encodierung
	gif	GIF-Format
video	mpeg	Video im MPEG-Format
audio	basic	Einkanal 8 Bit ISDN, 8kHz
application	pdf	Adobe PDF
	octet-stream	Binärdaten aus 8-Bit-Bytes

Abbildung VI: Standardisierte MIME-Datentypen (Quelle: Schwenk (2020), S. 380)

---

[66] Vgl. Borenstein und Freed (1996); vgl. Moore (1996); vgl. Schwenk (2020), S. 381.
[67] Vgl. Schwenk (2020), S. 379f.
[68] Vgl. Borenstein und Freed (1996); vgl. Schwenk (2020), S. 382.
[69] Vgl. Schwenk (2020), S. 382.
[70] Vgl. Borenstein und Freed (1996).
[71] Vgl. Borenstein und Freed (1996).
[72] Vgl. Borenstein und Freed (1996).

Durch die Kanonisierung konnte somit sichergestellt werden, dass Sender und Empfänger, die Nachricht und deren Objekte, gleich interpretieren können.[73]

Der MIME-Standard integrierte standardisierte Inhaltsformate und ermöglicht eine nutzerunabhängige Nachrichtenübermittlung.[74] Nicht nur Texte, Bilder und Videos, sondern auch andere Dateiformate konnten sicher übermittelt werden. Zusätzlich konnten Texte, aufgrund der zahlreichen Kodierungsmethoden, Sonderzeichen als auch Umlaute beinhalten, wodurch der Anwendungsbereich für S/MIME um Länder wie Deutschland, Österreich und Schweden wuchs.

4.2 S/MIME – Internetstandard

Der MIME-Standard konzentriert sich auf Kodierungsmöglichkeiten, die Objektstruktur sowie Kompatibilitätsprobleme bei der Kodierung und der Verwendung von Datentypen. Hingegen Secure/MIME (S/MIME) den MIME-Standard um Sicherheitsaspekte für den E-Mail-Verkehr erweitert. S/MIME wurde für E-Mails entwickelt und befasst sich mit derer Verschlüsselung und Signierung.[75] Die erste Version von S/MIME wurde im Jahre 1998 in den RFCs 2311 bis 2315 verfasst. Die neuste Version S/MIME Version 4.0 stammt aus dem April 2019 und ist ein von der IETF vorgeschlagener Standard. Die Version 4.0 ist im RFC 8551 nachzulesen.

Allgemein erweitert S/MIME die MIME-Datentypen um weitere Parameter zur Signierung und Verschlüsselung.[76] Dabei verwendet S/MIME auch das Zusammenspiel aus symmetrischer und asymmetrischer Kryptografie zur Verschlüsselung des privaten und öffentlichen Schlüssels.[77] Seit der Version 3.1 setzt Secure/MIME nicht mehr auf das Diffie-Hellman-Konzept, sondern verwendet zur Verschlüsselung des öffentlichen Schlüssels das asymmetrischer Verschlüsselungsverfahren RSA.[78] Änderungen in der Version 4.0 beschäftigen sich mit Verbesserungen des Signierungsprozesses und Modifikationen der symmetrischen Verschlüsselungsverfahren. So unterstützt die neuste Version von S/MIME den Hashalgorithmus SHA-512, sowie die Verfahren ECDSA und

---

[73] Vgl. Schwenk (2020), S. 382.
[74] Vgl. Schwenk (2020), S. 379f.
[75] Vgl. Schwenk (2020), S. 373.
[76] Vgl. Schwenk (2020), S. 390.
[77] Vgl. Schwenk (2020), S. 33ff.
[78] Vgl. Ramsdell (1999); vgl. Ramsdell, Schaad und Turner (2019).

EdDSA.[79] ECDSA und EdDSA sind Algorithmen zur Signierung von Daten und Nachrichten und verwenden Methoden der Elliptischen-Kurven-Kryptographie.[80]

Neben den unterschiedlichen Konzepten zur Verschlüsselung verwendet S/MIME X.509-Zertifikate, um öffentliche Schlüssel den Inhabern eindeutig zu zuordnen.[81] Zentrale Zertifizierungsstellen, auch Trustcenter oder Certificate Authority (CA) genannt, überprüfen diese auf ihre Vertrauenswürdigkeit.[82] Sollten sie den Regelungen entsprechen, werden diese signiert und zur Verfügung gestellt.[83] Die Zertifikate unterliegen hierbei einer gewissen Lebensdauer, wodurch eine jährliche wiederkehrende Verifizierung von Nöten ist.[84] Zusätzlich ist die Validierung der Zertifikate teils kostenpflichtig.[85] In Deutschland unterliegen die Zertifizierungsstellen strengen gesetzlichen Regelungen, wie dem Vertrauensdienstgesetz (VDG).[86] Ein beispielhafter Zertifizierungsablauf mit einer CA ist in der Abbildung VII zu finden. Die Abkürzung CSR steht für certificate signing request.

https://d1smxttentwwqu.cloudfront.net/wp-content/uploads/2019/07/ca-diagram-b.png

Diese Abbildung wurde aus urheberrechtlichen Gründen von der Redaktion entfernt.

Abbildung VII: Zertifizierungsprozess mit Certificate Authorities (CAs) (Quelle: Russell (2019))

---

[79] Vgl. Housley (2018); vgl Ramsdell, Schaad und Turner (2019).
[80] Vgl. Housley (2018); vgl Ramsdell, Schaad und Turner (2019).
[81] Vgl. ISi-Projektgruppe (2009), S. 12; vgl. Schwenk (2020), S. 391.
[82] Vgl. Kirsch (2001), S. 60; vgl. Luber und Schmitz (2018).
[83] Vgl. Luber und Schmitz (2018).
[84] Vgl. Symplasson.de (2017).
[85] Vgl. Heim (2018).
[86] Das Vertrauensdienstgesetz ist ein vom Bundestag am 18. Juli 2017 verabschiedetes Gesetz zur Regelung der Aufsichtsstellen für die Informationssicherheit.

Auch Secure/MIME versteht sich als Ende-zu-Ende-Verschlüsselung. Auch hier können die E-Mail-Betreiber die E-Mail-Inhalte nicht einsehen. Dadurch verspricht Secure/MIME dem Nutzer die Authentizität, Datenintegrität, Vertraulichkeit und Nichtabstreitbarkeit der Herkunft einer E-Mail.[87]

4.3 Vergleich von S/MIME & OpenPGP

Der grundsätzliche Unterschied zwischen S/MIME und OpenPGP besteht in der Authentifizierung der Zertifikate beziehungsweise des öffentlichen Schlüssels. S/MIME nutzt ein hierarchisches Zertifizierungssystem.[88] Jeder Schlüssel wurde bereits von einer Certificate Authority überprüft und signiert und gilt somit als verifiziert.[89] Für den Verifizierungsprozess fallen jedoch teils jährliche Kosten pro Zertifikat an.[90] Ein solcher Kostenfaktor fällt bei OpenPGP, aufgrund des Web of Trust Konzeptes, nicht an.[91] Der Nutzer darf entscheiden, wer vertrauenswürdig ist und wer nicht.[92] Der Nutzer besitzt somit mehr Freiheiten bei der Sicherung seines E-Mail-Verkehrs. Der Nachteil besteht darin, dass, aufgrund der immer wiederkehrenden Verifizierung, ein deutlich höherer Aufwand beim Verschicken einer E-Mail besteht. Ein solcher Aufwand existiert bei S/MIME nicht. Der Nutzer muss sich nicht mit dem Verifikationsprozess beschäftigen, sondern kann direkt mit dem Schriftverkehr beginnen. Zusätzlich benötigt S/MIME keine weitere Zusatzsoftware.[93] Hingegen OpenPGP meist auf die Installation weiterer Software angewiesen ist.[94] Somit wächst nicht nur das Risiko einer weiteren Sicherheitslücke durch eine Drittanbietersoftware, sondern auch der Aufwand zur Schaffung einer plattformübergreifenden Verschlüsselung.[95] Nicht zu vernachlässigen bei Secure/MIME ist, dass, durch die zentrale Entscheidungsmacht der CAs, eine gewisse Gefahr des Missbrauchs besteht.[96]

Elementare Schwachstellen wiesen beide Verfahren beim im Jahre 2018 begangene EFAIL-Angriff auf. Der Angriff nutze Sicherheitslücken des HTML-Format aus.[97] Dieser Angriff zeigte, dass sowohl an S/MIME als auch OpenPGP weiterhin entwickelt werden

---

[87] Vgl. Ramsdell, Schaad und Turner (2019).
[88] Vgl. Luber und Schmitz (2018).
[89] Vgl. Luber und Schmitz (2018).
[90] Vgl. Symplasson.de (2017); vgl Heim (2018).
[91] Vgl. Kirsch (2001).
[92] Vgl. Kirsch (2001).
[93] Vgl. Symplasson.de (2017).
[94] Vgl. Symplasson.de (2017).
[95] Vgl. Symplasson.de (2017).
[96] Vgl. Luber und Schmitz (2018).
[97] Vgl. Efail.de (2018); vgl. Schwenk (2020), S. 405ff.

muss. Sicherheitslücken, wie diese, können fatale Folgen für Unternehmen und Privatpersonen bedeuten.

Trotz der Schwächen ermöglichen S/MIME und OpenPGP einen sicheren E-Mail-Verkehr und erfüllen die kryptografischen Ziele Integrität, Authentizität, Vertraulichkeit und Nichtabstreitbarkeit. Deswegen werden beide Verfahren weltweit anerkannt und eingesetzt. International am stärksten vertreten ist S/MIME, da die US-amerikanischen E-Mail-Anbieter, wie Gmail und Outlook, hinter denen die Tech-Giganten Google und Microsoft stehen, diese Verfahren verwenden.[98] Im deutschen Raum hingegen setzen E-Mail-Anbieter, wie GMX und Web.de, zur Verschlüsselung und Signierung der E-Mails OpenPGP ein.[99]

---

[98] Vgl. Microsoft.com (2020); vgl. Google.com (2020).
[99] Vgl. Gmx.de (2020); vgl. Web.de (2020).

5. Schlussbetrachtung

Bei meiner Recherche bin ich immer wieder über den Vergleich gestoßen, dass der Versand einer E-Mail dem einer Postkarte ähneln würde, da es keinen Briefumschlag, wie bei einer Briefpost, gibt. Im Rahmen dieser Seminararbeit lernte ich jedoch Verfahren, Protokolle und Standards kennen. Dabei habe ich einen Blick auf deren Entwicklung werfen können und deren Methoden zur Verschlüsselung kennengelernt. Die Standards OpenPGP und S/MIME stellen den aktuell höchsten Sicherheitsstandard für den digitalen Nachrichtenverkehr dar. Beide Verfahren zeigen das, durch die Verwendung mathematischer Algorithmen und Konzepte, Daten und Informationen per E-Mail sicher kodiert werden können. Sie erfüllen jegliche Sicherheitsaspekte. Der größte Unterschied besteht im Versand des öffentlichen Schlüssels. So verwenden beide Verfahren grundsätzlich verschiedene Modelle, welche unterschiedliche Vor- und Nachteile mit sich ziehen. Schwachstellen der Protokolle gilt es im aktuellen Zustand durch weitere Verfahren auszugleichen. So sollten E-Mail-Nutzer aktiver in das Sicherungsverfahren mit eingebunden werden. Ein solches Verfahren stellt zum Beispiel die Zwei-Faktor-Authentifizierung dar, die bereits bei Onlineshops zur Sicherung des Kundenkontos zum Einsatz kommen.[100] Der deutsche E-Mail-Anbieter Posteo.de stellt die Zwei-Faktor-Authentifizierung seinen Nutzer zur Verfügung, welche mit wenig Aufwand verbunden ist.[101] An nutzeraktiven Sicherungsverfahren von E-Mails sollte weiterhin geforscht und entwickelt werden.

Die Verfahren, wie das Internet Message Access Protocol (IMAP), das Post Office Protocol Version 3 (POP3), sowie das Simple Mail Transfer Protocol (SMTP) konnten im Rahmen dieser Arbeit nicht bearbeitet werden. Sie sind ein wichtiger Bestandteil beim Versand von E-Mails, da diese für die Kommunikation zwischen Nutzer und Mailserver verantwortlich sind. So sollten auch diese Verfahren näher betrachtet werden.

OpenPGP und S/MIME sind weltweit anerkannte Verschlüsselungsprotokolle für den digitalen Nachrichtenaustausch, jedoch stellt sich zum aktuellen Zeitpunkt die Frage, welches als Siegerverfahren hervorgehen wird und sich als der Internet-Standard der E-Mail-Verschlüsselung bezeichnen kann.

---

[100] Vgl. Schirrmacher (2016).
[101] Vgl. Posteo.de (2020).

Literaturverzeichnis

Atkins, D. Stallings, W. und Zimmermann, P. (1996): PGP Message Exchange Formats. RFC 1991, IETF.

Balenson, D. (1993): Privacy Enhancement for Internet Electronic Mail: Part III: Algorithms, Modes, and Identifiers. RFC 1423, IETF.

Borenstein, N. und Freed, N. (1996): Multipurpose Internet Mail Extensions (MIME) Part One: Format of Internet Message Bodies. RFC 2045, IETF.

Borenstein, N. und Freed, N. (1996): Multipurpose Internet Mail Extensions (MIME) Part Two: Media Types. RFC 2046, IETF.

Borenstein, N. und Freed, N. (1996): Multipurpose Internet Mail Extensions (MIME) Part Five: Conformance Criteria and Examples. RFC 2049, IETF.

Brünner, A. (2003): Der Kodierungs-Standard base64. www.arndt-bruenner.de/mathe/scripts/base64.htm. Abruf am 14.12.2020.

Callas, J. Donnerhacke, L. Finney, H. Shaw, D. und Thayer R. (2007): OpenPGP Message Format. RFC 4880, IETF.

Cerf, V. (1969): ASCII Format for Network Interchange. RFC 20, IETF.

Crocker, D. H. (1982): Standard for the Format of ARPA Internet Text Messages, Newark. RFC 822, IETF.

Deutschland sicher im Netz (2013): Verschlüsselung von E-Mails - Leitfaden zur E-Mail-Sicherheit für Unternehmen. www.sicher-im-netz.de/sites/default/files/download/leitfaden-e-mail-verschluesselung.pdf. Abruf am 15.11.2020.

Dorner, S. Moore, K. und Troost, R. (1997): Communicating Presentation Information in Internet Messages: The Content-Disposition Header Field. RFC 2183, IETF.

Dyllong, J. Gutekunst, J. und Hering, E. (2000): Handbuch der praktischen und technischen Informatik, 2. neubearb. und erw. Aufl., Berlin Heidelberg, Springer 2000.

Efail.de (2018): EFAIL describes vulnerabilities in the end-to-end encryption technologies OpenPGP and S/MIME that leak the plaintext of encrypted emails. www.efail.de Abruf am 21.12.2020.

Eurostat (2020): Internet Nutzung und Tätigkeiten: Senden/Empfangen von E-Mails. www.ec.europa.eu/eurostat/databrowser/view/ISOC_BDE15CUA__custom_385835/settings_1/table?lang=de. Abruf am 22.12.2020.

Freed, N. Klensin, J. und Postel, J. (1996): Multipurpose Internet Mail Extensions (MIME) Part Four: Registration Procedures. RFC 2048, IETF.

Gmx.net (2020): Schutz für Ihre E-Mail-Kommunikation. www.gmx.net/mail/sicherheit/pgp/. Abruf am 22.12.2020.

Gnupg.org (2000): Das GNU-Handbuch zum Schutz der Privatsphäre. www.gnupg.org/gph/de/manual/x112.html. Abruf am 20.12.2020.

Google.com (2020): E-Mail-Verschlüsselung während der Zustellung. www.support.google.com/mail/answer/6330403?hl=de. Abruf am 23.12.2020.

Heim, G. (2018): Kommentar: S/MIME vs. OpenPGP – Sonderwege der Open Source-Gemeinschaft. curius.de/blog/13-betriebssysteme/open-source/248-kommentar-s-mime-vs-openpgp-sonderwege-der-open-source-gemeinschaft. Abruf am 21.12.2020.

Housley, R. (2018): Use of Edwards-Curve Digital Signature Algorithm (EdDSA) Signatures in the Cryptographic Message Syntax (CMS). RFC 8419, IETF.

ISi-Projektgruppe (2009): Sichere Nutzung von E-Mails (ISi-Mail-Client) – BSI-Leitlinie zur Internet-Sicherheit (ISi-L). www.bsi.bund.de/SharedDocs/Downloads/DE/BSI/Internetsicherheit/isi_mail_client_leitlinie_pdf.pdf?__blob=publicationFile&v=1. Abruf am 21.12.2020.

Itwissen.info (2016): SHA (secure hash algorithm). www.itwissen.info/SHA-secure-hash-algorithm-SHA-Algorithmus.html. Abruf am 21.12.2020.

Josefsson, S. (2006): The Base16, Base32, and Base64 Data Encodings. RFC 4648, IETF.

Kaliski, B. S. (1993): Privacy Enhancement for Internet Electronic Mail: Part IV: Key Certification and Related Services. RFC 1424, IETF.

Kent, S. (1993): Privacy Enhancement for Internet Electronic Mail: Part II: Certificate-Based Key Management. RFC 1422, IETF.

Kirsch, C. (2001): Management und Wissen – E-Mail-Verschlüsselung – S/MIME vs. OpenPGP: Eine Entscheidungshilfe. In: KES, Ausgabe 1, S. 60.

Lang, H.W. (2018): Codierungstheorie CRC-Verfahren. www.inf.fh-flensburg.de/lang/algorithmen/code/crc/crc.htm. Abruf am 20.12.2020.

Linn, J. (1993): Privacy Enhancement for Internet Electronic Mail: Part I: Message Encryption and Authentication Procedures. RFC 1421, IETF.

Luber, S. und Schmitz, P. (2018): Definition Zertifikat: Was ist ein digitales Zertifikat. www.security-insider.de/was-ist-ein-digitales-zertifikat-a-688440/. Abruf am 17.12.2020.

Microsoft.com (2013): RFC 822 Message Format. www.docs.microsoft.com/en-us/previous-versions/office/developer/exchange-server-2010/aa493918(v=exchg.140). Abruf am 22.12.2020.

Microsoft.com (2020): Senden einer digitalen signierten oder verschlüsselten Nachricht. www.support.microsoft.com/de-de/office/senden-einer-digital-signierten-oder-verschl%C3%BCsselten-nachricht-a18ecf7f-a7ac-4edd-b02e-687b05eff547. Abruf am 23.12.2020.

Moore, K. (1996): MIME (Multipurpose Internet Mail Extensions) Part Three: Message Header Extensions for Non-ASCII Text. RFC 2047, IETF.

Posteo.de (2020): Innovative Verschlüsselung für alle: Wir machen E-Mail richtig sicher. www.posteo.de/site/verschluesselung. Abruf am 22.12.2020.

Raison, v. A. (2015): 7-Bit-ASCII ist offizieller Internet-Standard. www.heise.de/ix/meldung/7-Bit-ASCII-ist-offizieller-Internet-Standard-2538085.html. Abruf am 20.12.2020.

Ramsdell, B. (1999): S/MIME Version 3 Message Specification. RFC 2633, IETF.

Ramsdell, B., Schaad J, Turner S. (2019): Secure/Multipurpose Internet Mail Extensions (S/MIME) Version 4.0 Message Specification. RFC 8551, IETF.

Russell, A. (2019): What is a Certificate Authority (CA). www.ssl.com/faqs/what-is-a-certificate-authority/. Abruf am 14.01.2021.

Schmeh, K. (2016): Kryptografie: Verfahren, Protokolle, Infrastrukturen, 6. Aufl., Heidelberg.

Schirrmacher, D. (2016): Zwei-Faktor-Authentifizierung für deutsche Amazon Kunden gestartet. www.heise.de/security/meldung/Zwei-Faktor-Authentifizierung-fuer-deutsche-Amazon-Kunden-gestartet-3550875.html. Abruf am 22.12.2020.

Schwenk, J. (2020): Sicherheit und Kryptographie im Internet: Theorie und Praxis, 5. editierte Aufl., Wiesbaden, Springer 2020.

Symplasson.de (2017): Email-Verschlüsselung am Arbeitsplatz per S/MIME oder PGP. www.symplasson.de/it-blog/email-verschluesselung-s-mime-oder-pgp. Abruf am 22.12.2020.

Weber-Wulff, D. (1991): ASCII. people.f4.htw-berlin.de/~weberwu/inflex/ascii.htm. Abruf am 17.12.2020.

Web.de (2020): Sicherheit für Ihre E-Mail-Kommunikation. www.web.de/email/sicherheit/pgp/. Abruf am 22.12.2020.

Wilhelm, M. (2019): Neuer Rekord: Deutsches E-Mail-Volumen steigt auf 848 Milliarden Mails. www.newsroom.gmx.net/2019/02/28/neuer-rekord-deutsches-e-mail-volumen-steigt-auf-848-milliarden-mails/. Abruf am 24.11.2020.